NOBEL
LECTURE

Czeslaw Milosz

NOBEL LECTURE

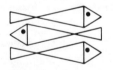

Farrar Straus Giroux

NEW YORK

First printing, 1981
Printed in the United States of America
Published simultaneously in Canada by
McGraw-Hill Ryerson Ltd., Toronto
Designed by Guy Fleming
Library of Congress Cataloging in Publication Data
Miłosz, Czesław. Nobel lecture.
1. Poetry—Addresses, essays, lectures.
I. Title.   PN1064.M53   1981   809.1   81–12581
ISBN 0-374-22299-1   AACR2   ISBN 0-374-51654-5 (pbk.)

NOBEL
LECTURE

I

MY PRESENCE HERE, ON THIS TRIBUNE,
should be an argument for all those who praise
life's God-given, marvelously complex unpre-
dictability. In my school years I used to read
volumes of a series then published in Poland—
"The Library of the Nobel Laureates." I remember the shape of the letters and the color of
the paper. I imagined then that Nobel laureates
were writers, namely persons who write thick
works in prose, and even when I learned that
there were also poets among them, for a long
time I could not get rid of that notion. And
certainly, when, in 1930, I published my first
poems in our university review, *Alma Mater Vilnensis*, I did not aspire to the title of writer.
Also, much later, by choosing solitude and giving myself to a strange occupation—that is, to
writing poems in Polish, while living in France
or America—I tried to maintain a certain ideal
image of a poet, who, if he wants fame, wants to

be famous only in the village or the town of his birth.

One of the Nobel laureates whom I read in childhood influenced to a large extent, I believe, my notions of poetry. That was Selma Lagerlöf. Her *Wonderful Adventures of Nils,* a book I loved, places the hero in a double role. He is the one who flies above the earth and looks at it *from above* but at the same time sees it in every detail. This double vision may be a metaphor of the poet's vocation. I found a similar metaphor in a Latin ode of a seventeenth-century poet, Maciej Sarbiewski, who was once known all over Europe under the pen name of Casimire. He taught poetics at my university. In that ode he describes his voyage—on the back of Pegasus—from Vilno to Antwerp, where he is going to visit his poet friends. Like Nils Holgersson, he beholds under him rivers, lakes, forests; that is, a map, both distant and yet concrete. Hence, two attributes of the poet: avidity of the eye and the desire to describe that which he sees. Yet whoever considers writing poetry as "to see and describe" should be aware that he engages in a quarrel with modernity, fascinated as it is with innumerable theories of a specific poetic language.

EVERY POET depends upon generations who wrote in his native tongue; he inherits styles and forms elaborated by those who lived before him. At the same time, though, he feels that those old means of expression are not adequate to his own experience. When adapting himself, he hears an internal voice that warns him against mask and disguise. But when rebelling, he falls in turn into dependence on his contemporaries, various movements of the avant-garde. Alas, it is enough for him to publish his first volume of poems to find himself entrapped. For hardly has the print dried when that work, which seemed to him the most personal, appears to be enmeshed in the style of another. The only way to counter an obscure remorse is to continue searching and to publish a new book, but then everything repeats itself, so there is no end to that chase. And it may happen that leaving behind books as if they were dry snake skins, in a constant escape forward from what has been done in the past, he receives the Nobel Prize.

What is this enigmatic impulse that does not allow one to settle down in the achieved, the finished? I think it is a quest for reality. I give to this word its naïve and solemn meaning, a meaning having nothing to do with philosophical debates of the last few centuries. It is the Earth as seen by Nils from the back of the gander and by the author of the Latin ode from the back of Pegasus. Undoubtedly, that Earth *is* and her riches cannot be exhausted by any description. To make such an assertion means to reject in advance a question we often hear today, "What is reality?," for it is the same as the question of Pontius Pilate: "What is truth?" If among pairs of opposites which we use every day the opposition of life and death has such an importance, no less importance should be ascribed to the oppositions of truth and falsehood, of reality and illusion.

Czeslaw Milosz

2

SIMONE WEIL, TO WHOSE WRITINGS I AM profoundly indebted, says: "Distance is the soul of beauty." Yet sometimes keeping distance is nearly impossible. I am "a child of Europe," as the title of one of my poems admits, but that is a bitter, sarcastic admission. I am also the author of an autobiographical book which in the French translation bears the title *Une autre Europe*. Undoubtedly, there exist two Europes, and it happens that we, inhabitants of the second one, were destined to descend into "the heart of darkness" of the twentieth century. I wouldn't know how to speak about poetry in general. I must speak of poetry in its encounter with peculiar circumstances of time and place. Today, from a perspective, we are able to distinguish outlines of the events which by their death-bearing range surpassed all natural disasters known to us, but poetry, mine and my contemporaries', whether of inherited or avant-garde style, was not prepared to cope with those catastrophes. Like blind men we groped our way and were exposed to all the temptations the mind deluded itself with in our time.

It is not easy to distinguish reality from illusion, especially when one lives in a period of the great upheaval that began a couple of centuries ago on a small western peninsula of the Euro-Asiatic continent, only to encompass the whole planet during one man's lifetime with the uniform worship of science and technology. And it was particularly difficult to oppose multiple intellectual temptations in those areas of Europe where degenerate ideas of dominion over men, akin to the ideas of dominion over Nature, led to paroxysms of revolution and war at the expense of millions of human beings destroyed physically or spiritually. And yet perhaps our most precious acquisition is not an understanding of those ideas, which we touched in their most tangible shape, but respect and gratitude for certain things which protect people from internal disintegration and from yielding to tyranny.

Precisely for that reason, some ways of life, some institutions became a target for the fury of evil forces—above all, the bonds between people that exist organically, as if by themselves, sustained by family, religion, neighborhood, common heritage. In other words, all that disorderly, illogical humanity, so often branded as ridiculous because of its parochial attachments and loyalties. In many countries, traditional bonds of *civitas* have been subject to a gradual erosion, and their inhabitants become disinherited without realizing it. It is not the same, however, in those areas where suddenly, in a situation of utter peril, a protective, lifegiving value of such bonds reveals itself. That is the case of my native land. And I feel this is a proper place to mention gifts received by myself and by my friends in our part of Europe and to pronounce words of blessing.

IT IS GOOD to be born in a small country where Nature was on a human scale, where various languages and religions cohabited for centuries. I have in mind Lithuania, a country of myths and of poetry. My family in the sixteenth century already spoke Polish, just as many families in Finland spoke Swedish and in Ireland English; so I am a Polish, not a Lithuanian, poet. But the landscapes and perhaps the spirits of Lithuania have never abandoned me. It is good in childhood to hear words of Latin liturgy, to translate Ovid in high school, to receive a good training in Roman Catholic dogmatics and apologetics. It is a blessing if one receives from fate school and university studies in such a city as Vilno. A bizarre city of baroque architecture transplanted to northern forests and of history fixed in every stone, a city of forty Roman Catholic churches and of numerous synagogues. In those days the Jews called it a Jerusalem of the North. Only when teaching in America did I fully realize how much I had absorbed from the thick walls of our ancient university, from formulas of Roman law learned by heart, from history and literature of old Poland, both of which surprise young Americans by their specific features: an indulgent anarchy, a humor disarming fierce quarrels, a sense of organic community, a mistrust of any centralized authority.

A poet who grew up in such a world should have been a seeker for reality through contemplation. A patriarchal order should have been dear to him, a sound of bells, an isolation from pressures and the persistent demands of his fellow men, silence of a cloister cell. If books were to linger on a table, then they should be those which deal with the most incomprehensible quality of God-created things; namely, being, the *esse*. But suddenly all this is negated by the demoniac doings of history, which acquires the traits of a bloodthirsty deity.

The Earth which the poet viewed in his flight calls with a cry, indeed, out of the abyss and doesn't allow itself to be viewed *from above*. An insoluble contradiction appears, a terribly real one, giving no peace of mind either day or night, whatever we call it: it is the contradiction between being and action, or, on another level, a contradiction between art and solidarity with one's fellow men. Reality calls for a name, for words, but it is unbearable, and if it is touched, if it draws very close, the poet's mouth cannot even utter a complaint of Job: all art proves to be nothing compared with action. Yet to embrace reality in such a manner that it is preserved in all its old tangle of good and evil, of despair and hope, is possible only thanks to a distance, only by soaring *above* it—but this in turn seems then a moral treason.

Such was the contradiction at the very core of conflicts engendered by the twentieth century and discovered by poets of an Earth polluted by the crime of genocide. What are the thoughts of one of them, who wrote a certain number of poems that remain as a memorial, as a testimony? He thinks that they were born out of a painful contradiction and that he would prefer to have been able to resolve it while leaving them unwritten.

3

A PATRON SAINT OF ALL POETS IN EXILE, who visit their towns and provinces only in remembrance, is always Dante. But how the number of Florences increased! The exile of a poet is today a simple function of a relatively recent discovery: that whoever wields power is also able to control language and not only with the prohibitions of censorship but also by changing the meaning of words. A peculiar phenomenon makes its appearance: the language of a captive community acquires certain durable habits; whole zones of reality cease to exist simply because they have no name. There is, it seems, a hidden link between theories of literature as *écriture*, of speech feeding on itself, and the growth of the totalitarian state. In any case, there is no reason why the state should not tolerate an activity that consists of creating "experimental" poems and prose, if these are conceived as autonomous systems of reference, enclosed within their own boundaries. Only if we assume that a poet constantly strives to liberate himself from borrowed styles in search of reality is he dangerous. In a room where people unanimously maintain a conspiracy of silence, one word of truth sounds like a pistol shot. And, alas, a temptation to pronounce it, similar to an acute itching, becomes an obsession which doesn't allow one to think of anything else. That is why a poet chooses internal or external exile. It is not certain, however, that he is motivated exclusively by his concern with actuality. He may also desire to free himself from it and elsewhere, in other countries, on other shores, to recover, at least for short moments, his true vocation—which is to contemplate Being.

That hope is illusory, for those who come from the "other Europe," wherever they find themselves, notice to what extent their experiences isolate them from their new milieu—and this may become the source of a new obsession. Our planet that gets smaller every year, with its fantastic proliferation of mass media, is witnessing a process that escapes definition, characterized by a refusal to remember. Certainly, the illiterates of past centuries, then an enormous majority of mankind, knew little of the history of their respective countries and of their civilization. In the minds of modern illiterates, however, who know how to read and write and even teach in schools and at universities, history is present but blurred, in a state of strange confusion. Molière becomes a contemporary of Napoleon, Voltaire a contemporary of Lenin.

Moreover, events of the last decades, of such primary importance that knowledge or ignorance of them will be decisive for the future of mankind, move away, grow pale, lose all consistency, as if Friedrich Nietzsche's prediction of European nihilism found a literal fulfillment. "The eye of a nihilist," he wrote in 1887, "is unfaithful to his memories: it allows them to drop, to lose their leaves. . . . And what he does not do for himself, he also does not do for the whole past of mankind: he lets it drop."

We are surrounded today by fictions about the past, contrary to common sense and to an elementary perception of good and evil. As the *Los Angeles Times* recently stated, the number of books in various languages which deny that the Holocaust ever took place, and claim that it was invented by Jewish propaganda, has exceeded one hundred. If such an insanity is possible, is a complete loss of memory as a permanent state of mind improbable? And would it not present a danger more grave than genetic engineering or poisoning of the natural environment?

FOR THE POET of the "other Europe," the events embraced by the name Holocaust are a reality, so close in time that he cannot hope to liberate himself from their remembrance unless perhaps by translating the Psalms of David. He feels anxiety, though, when the meaning of the word Holocaust undergoes gradual modifications, so that the word begins to belong to the history of the Jews exclusively, as if among the victims there were not also millions of Poles, Russians, Ukrainians, and prisoners of other nationalities. He feels anxiety, for he senses in this a foreboding of a not distant future when history will be reduced to what appears on television, while the truth, because it is too complicated, will be buried in the archives, if not totally annihilated. Other facts as well, facts for him quite close but distant for the West, add in his mind to the credibility of H. G. Wells's vision in *The Time Machine:* the Earth inhabited by a tribe of children of the day, carefree, deprived of memory and, by the same token, of history, without defense when confronted with dwellers of subterranean caves, cannibalistic children of the night.

Carried forward as we are by the movement of technological change, we realize that the unification of our planet is in the making, and we attach importance to the notion of international community. The days when the League of Nations and the United Nations were founded deserve to be remembered. Unfortunately, those dates lose their significance in comparison with another date, which should be invoked every year as a day of mourning, although it is hardly known to younger generations. It is August 23, 1939. Two dictators then concluded an agreement provided with a secret clause by virtue of which they divided between themselves neighboring countries that possessed their own capitals, governments, and parliaments. That pact not only unleashed a terrible war; it reestablished a colonial principle according to which nations are no more than cattle, bought, sold, completely dependent upon the will of their instant masters. Their borders, their right to self-determination, their passports ceased to exist. And it should be a source of wonder that today people speak in a whisper, with a finger to their lips, about how that principle was applied by the dictators forty years ago.

Crimes against human rights, never confessed and never publicly denounced, are a poison which destroys the possibility of a friendship between nations. Anthologies of Polish poetry publish poems of my late friends Wladyslaw Sebyla and Lech Piwowar, and give the date of their deaths: 1940. It is absurd not to be able to write how they perished, though everybody in Poland knows the truth: they shared the fate of several thousand Polish officers disarmed and interned by the then accomplice of Hitler, and they repose in a mass grave. And should not the young generations of the West, if they study history at all, hear about 200,000 people killed in 1944 in Warsaw, a city sentenced to annihilation by those two accomplices?

The two genocidal dictators are no more, and yet who knows whether they did not gain a victory more durable than those of their armies? In spite of the Atlantic Charter, the principle that nations are objects of trade, if not chips in games of cards or dice, has been confirmed by the division of Europe into two zones. The absence of the three Baltic states from the United Nations is a permanent reminder of the two dictators' legacy. Before the war, those states belonged to the League of Nations, but they disappeared from the map of Europe as a result of the secret clauses in the agreement of 1939.

I HOPE YOU will forgive my laying bare a memory like a wound. This subject is not unconnected with my meditation on the word "reality," so often misused but always deserving esteem. Complaints of peoples, pacts more treacherous than those we read about in Thucydides, the shape of a maple leaf, sunrises and sunsets over the ocean, the whole fabric of causes and effects, whether we call it Nature or History, points toward, I believe, another, hidden reality, impenetrable, though exerting a powerful attraction that is the central driving force of all art and science. There are moments when it seems to me that I decipher the meaning of afflictions which befell the nations of the "other Europe," and that meaning is to make them the bearers of memory—at the time when Europe, without an adjective, and America possess it less and less with every generation.

It is possible that there is no other memory than the memory of wounds. At least we are so taught by the Bible, a book of the tribulations of Israel. That book for a long time enabled European nations to preserve a sense of continuity—a word not to be mistaken for the fashionable term "historicity."

During the thirty years I have spent abroad, I have felt I was more privileged than my Western colleagues, whether writers or teachers of literature, for events both recent and long past took in my mind a sharply delineated, precise form. Western audiences confronted with poems or novels written in Poland, Czechoslovakia, or Hungary, or with films produced there, possibly intuit a similarly sharpened consciousness, in a constant struggle against limitations imposed by censorship. Memory thus is our force; it protects us against a speech entwining upon itself like the ivy when it does not find a support on a tree or a wall.

A few minutes ago I expressed my longing for the end of a contradiction which opposes the poet's need of distance to his feeling of solidarity with his fellow men. And yet, if we take a flight *above* the Earth as a metaphor of the poet's vocation, it is not difficult to notice that a kind of contradiction is implied, even in those epochs when the poet is relatively free from the snares of history. For how to be *above* and simultaneously to see the Earth in every detail? And yet, in a precarious balance of opposites, a certain equilibrium can be achieved thanks to a distance introduced by the flow of time. "To see" means not only to have before one's eyes.

It may mean also to preserve in memory. "To see and to describe" may also mean to reconstruct in imagination. A distance achieved thanks to the mystery of time must not change events, landscapes, human figures into a tangle of shadows growing paler and paler. On the contrary, it can show them in full light, so that every event, every date becomes expressive and persists as an eternal reminder of human depravity and human greatness. Those who are alive receive a mandate from those who are silent forever. They can fulfill their duties only by trying to reconstruct precisely things as they were and by wresting the past from fictions and legends.

Thus, both—the Earth seen from above in an eternal now and the Earth that endures in a recovered time—may serve as material for poetry.

4

I WOULD NOT LIKE TO CREATE THE IM-
pression that my mind is turned toward the past,
for that would not be true. Like all my contemporaries, I have felt the pull of despair, of im-
pending doom, and reproached myself for suc-
cumbing to a nihilistic temptation. Yet, on a
deeper level, I believe, my poetry remained
sane and in a dark age expressed a longing for
the Kingdom of Peace and Justice. The name
of a man who taught me not to despair should
be invoked here. We receive gifts not only from
our native land, its lakes and rivers, its tradi-
tions, but also from people, especially if we
meet a powerful personality in our early youth.
It was my good fortune to be treated nearly as
a son by my relative Oscar Milosz, a Parisian
recluse and visionary. Why he was a French
poet could be elucidated by the intricate story
of a family as well as of a country once called

the Grand Duchy of Lithuania. Be that as it may, it was possible to read recently in the Parisian press words of regret that the highest international distinction had not been awarded half a century earlier to a poet bearing the same family name as my own.

I learned much from him. He gave me a deeper insight into the religion of the Old and New Testaments and inculcated a need for a strict, ascetic hierarchy in all matters of mind, including everything that pertains to art, where as a major sin he considered putting the second-rate on the same level with the first-rate. Primarily, though, I listened to him as a prophet who loved people, as he says, "with old love worn out by pity, loneliness and anger" and for that reason tried to address a warning to a crazy world rushing toward a catastrophe. That a catastrophe was imminent I heard from him, but also I heard from him that the great conflagration he predicted would be merely a part of a larger drama to be played to the end.

He saw deeper causes in an erroneous direction taken by science in the eighteenth century, a direction which provoked landslide effects. Not unlike William Blake before him, he announced a New Age, a second Renaissance of imagination now polluted by a certain type of scientific knowledge, but, as he believed, not by all scientific knowledge, least of all by the science that would be discovered by men of the future. And it does not matter to what extent I took his predictions literally: a general orientation was enough.

Oscar Milosz, like William Blake, drew inspiration from the writings of Emanuel Swedenborg, a scientist who earlier than anyone else foresaw the defeat of man, hidden in the Newtonian model of the universe. When, thanks to my relative, I became an attentive reader of Swedenborg, interpreting him not, it is true, as was common in the Romantic era, I did not imagine I would visit his country for the first time on such an occasion as the present one.

OUR CENTURY draws to its close, and largely thanks to those influences, I would not dare to curse it, for it has also been a century

[2 5

of faith and hope. A profound transformation of which we are hardly aware, because we are a part of it, has been taking place, coming to the surface from time to time in phenomena that provoke general astonishment. That transformation has to do, and I use here words of Oscar Milosz, with "the deepest secret of toiling masses, more than ever alive, vibrant and tormented." Their secret, an unavowed need of true values, finds no language to express itself, and here not only the mass media but also intellectuals bear a heavy responsibility.

But transformation has been going on, defying short-term predictions, and it is probable that in spite of all horrors and perils, our time will be judged as a necessary phase of travail before mankind ascends to a new awareness. Then a new hierarchy of merits will emerge, and I am convinced that Simone Weil and Oscar Milosz, writers in whose school I obediently studied, will receive their due. I feel we should publicly confess our attachment to certain names because in that way we define our position more forcefully than by pronouncing the

Czeslaw Milosz

names of those to whom we would like to address a violent no. My hope is that in this lecture, in spite of my meandering thought, which is a professional bad habit of poets, my yes and no are clearly stated, at least as to the choice of succession. For we all who are here, both the speaker and you who listen, are no more than links between the past and the future.

Czesław Miłosz

ODCZYT
W AKADEMII
SZWEDZKIEJ

I

Moje znalezienie się na tej trybunie powinno być argumentem dla tych wszystkich, którzy sławią daną nam od Boga, cudownie złożoną, nieobliczalność życia. W moich latach szkolnych czytałem tomy wydawanej wtedy w Polsce serii "Biblioteka Laureatów Nobla", pamiętam kształt liter i kolor papieru. Myślałem wtedy, że laureaci Nobla to pisarze czyli ludzie produkujący grube dzieła prozą i nawet kiedy już wiedziałem, że są wśród nich i poeci, długo nie mogłem się pozbyć tego myślowego nawyku. A drukując w roku 1930 pierwsze wiersze w naszym piśmie uniwersyteckim pod tytułem "Alma Mater Vilnensis", nie aspirowałem przecie do tytułu pisarza. Tak samo dużo później, wybierając samotność i oddając się dziwacznemu zajęciu jakim jest pisanie wierszy po polsku, choć mieszka się we Francji czy w Ameryce, podtrzymywałem pewien idealny obraz poety, który jeżeli chce być sławny, to tylko w swojej wiosce czy w swoim mieście.

ODCZYT

Jeden z laureatów nagrody Nobla czytany w dzieciństwie, w znacznym stopniu, myślę, wpłynął na moje pojęcia o poezji i rad jestem, że mogę tutaj o tym powiedzieć. Była to Selma Lagerlöf. Jej *Cudowna podróż*, książka, którą uwielbiałem, umieszcza bohatera w podwójnej roli. Jest on tym, który leci nad ziemią i ogarnia ją *z góry*, a zarazem widzi ją w każdym szczególe, co może być metaforą powołania poety. Podobną metaforę znalazłem później w łacińskiej odzie poety XVII wieku, Macieja Sarbiewskiego, który znany był w Europie pod pseudonimem Casimire. Na moim uniwersytecie wykładał poetykę. W tej odzie opisuje swoją podróż z Wilna do Antwerpii, gdzie ma przyjaciół-poetów—na grzbiecie Pegaza. Tak jak Nils Holgersson, ogląda *w dole* rzeki, jeziora, lasy, czyli mapę zarówno odległą i ukonkretnioną.

Tak więc dwa atrybuty poety: chciwość oczu i chęć opisu. Ktokolwiek jednak pojmuje poezję jako "widzieć i opisywać", musi być świadomy, że wkracza w poważny spór z nowoczesnością zafascynowaną niezliczonymi teoriami specyficznego poetyckiego języka.

Czesław Miłosz

KAŻDY POETA zależy od pokoleń, które pisały w jego rodzinnym języku, dziedziczy style i formy wypracowane przez tych, co żyli przed nim. Równocześnie jednak czuje, że te dawne sposoby wypowiedzi nie są dostosowane do jego własnego doświadczenia. Adaptując się, słyszy w sobie głos, który go ostrzega przed maską i przebraniem. Buntując się, popada z kolei w zależność od swoich rówieśników, od przeróżnych kierunków awangardy. Niestety, wystarczy, że wyda pierwszy tom wierszy, a jest już schwytany. Gdyż ledwo obeschnie farba drukarska, to dzieło, które wydawało mu się czymś najbardziej własnym, ukazuje mu się jako uwikłanie w styl, jako zależność. Jedynym sposobem na niejasny wyrzut sumienia jest szukać dalej i wydać nową książkę, po czym wszystko się powtarza i nie ma końca tej pogoni. A może się nawet zdarzyć, że zostawiając tak za sobą książki niby zeschłą skórę węża, po to żeby uciekać w przód od tego co zrobiło się dawniej, dostaje się Nagrodę Nobla.

[33

Czym jest ten zagadkowy impuls, który nie pozwala zadomowić się w tym co dokonane, skończone? Myślę, że jest to poszukiwanie rzeczywistości. Słowu temu nadaję znaczenie naiwne i dostojne, nie mające nic wspólnego z filozoficznymi sporami ostatnich stuleci. Jest to Ziemia widziana przez Nilsa z grzbietu gąsiora i przez autora łacińskiej ody z grzbietu Pegaza. Niewątpliwie ta Ziemia *jest* i bogactw jej żaden opis nie potrafi wyczerpać. Podtrzymywać takie twierdzenie znaczy odrzucić z góry słyszane dzisiaj często pytanie: "Cóż jest rzeczywistość?", bo jest ono tym samym co pytanie Poncjusza Piłata "Cóż jest prawda?". Jeżeli pośród par przeciwieństw, którymi się co dzień posługujemy tak ważne jest przeciwieństwo życia i śmierci, to nie mniej ważne jest przeciwieństwo prawdy i fałszu, rzeczywistości i iluzji.

2

SIMONE WEIL, KTÓREJ PISMOM WIELE zawdzięczam, powiada: "Dystans jest duszą piękna". Bywa jednak, że jego uzyskanie jest niemal niemożliwością. Jestem "Dzieckiem Europy", jak wskazuje tytuł jednego z moich wierszy, ale jest to gorzkie, sarkastyczne stwierdzenie. Jestem też autorem książki autobiograficznej, która w przekładzie francuskim została nazwana *Une autre Europe*. Niewątpliwie, istnieją dwie Europy i zdarzyło się tak, że nam, mieszkańcom tej drugiej, dane było zstąpić w "jądro ciemności" XX wieku. I nie umiałbym mówić o poezji w ogóle, muszę mówić o poezji w jej spotkaniu ze szczególnymi okolicznościami miejsca i czasu. Teraz, z perspektywy, widać ogólne zarysy wydarzeń, które śmiercionośnym zasięgiem przewyższyły wszelkie znane nam żywiołowe katastrofy, ale poezja moja i moich rówieśników, czy posługująca się stylem awangardowym, czy odziedziczonym, nie była do przyjęcia tych

[35

wydarzeń przygotowana. Niby ślepcy, poruszaliśmy się po omacku, narażeni na wszelkie pokusy na jakie w tym naszym stuleciu wystawia sam siebie umysł. Nie jest łatwo odróżnić rzeczywistość od iluzji kiedy żyje się w okresie wielkiego przewrotu, który zaczął się paręset lat temu na małym zachodnim półwyspie euroazjatyckiego lądu, po to żeby za jednego ludzkiego życia objąć całą planetę jednym kultem — nauki i techniki. A szczególnie trudno było opierać się rozlicznym pokusom na tych obszarach Europy, gdzie zwyrodniałe idee panowania nad ludźmi niby nad Naturą doprowadziły do paroksyzmów rewolucji i wojny, kosztujących niezliczone miliony ludzkich istnień, zabijanych fizycznie czy duchowo. Być może jednak nie refleksja nad tymi ideami jest najcenniejszą naszą zdobyczą, nas, to jest tych, którzy zetknęli się z nimi w ich aż nadto dotykalnym kształcie, ale szacunek i wdzięczność dla tego wszystkiego co chroni ludzi od wewnętrznej dezintegracji i uległości wobec przemocy. To właśnie było przedmiotem furii złowrogich sił: pewne obyczaje, pewne instytucje, w pierwszym rzędzie wszelkie związki między ludźmi istniejące organicznie, niejako same z siebie, podtrzymywane przez rodzinę, religię, sąsiedztwo, wspólne dziedzictwo, jednym słowem cała ludzkość nieporządna, nielogiczna, tak często określana jako śmieszna w swoich prowincjonalnych przywiązaniach i lojalnościach. W wielu krajach tradycyjne więzi *civitas* ulegają dzisiaj stopniowo erozji i ich mieszkańcy zostają wydziedziczeni, nie zdając sobie z tego sprawy. Co innego jednak tam, gdzie nagle, w sytuacji zagrożenia, ukazuje się tych więzi chroniąca, życiodajna wartość. Tak było na ziemiach, z których pochodzę. Sądzę, że tutaj jest właściwe miejsce aby wspomnieć o darach otrzymanych przeze mnie i moich przyjaciół w naszej części Europy, wymówić słowa błogosławieństw.

DOBRZE JEST URODZIĆ się w małym kraju, gdzie przyroda jest ludzka, na miarę człowieka, gdzie w ciągu stuleci współżyły ze sobą różne języki i różne religie. Mam na myśli Litwę, ziemię mitów i poezji. I chociaż moja rodzina już od XVI wieku posługiwała się językiem polskim, tak jak wiele rodzin w Finlandii szwedzkim, a w Irlandii angielskim, wskutek czego jestem polskim, nie litewskim, poetą, krajobrazy i być może duchy Litwy nigdy mnie nie opuściły. Dobrze jest słyszeć od dziecka słowa łacińskiej liturgii, tłumaczyć w szkole Owidiusza, uczyć się katolickiej dogmatyki i apologetyki. Jest błogosławieństwem jeżeli ktoś otrzymał od losu takie miasto studiów szkolnych i uniwersyteckich jakim było Wilno, miasto dziwaczne, barokowej i włoskiej architektury przeniesionej w północne lasy i historii utrwalonej w każdym kamieniu, miasto czterdziestu katolickich kościołów, ale i licznych synagog: w owych czasach Żydzi nazywali je Jerozolimą Północy. Dopiero też wykładając w Ameryce zrozumiałem jak wiele przeniknęło we mnie z grubych murów naszego starego uniwersytetu, z zapamiętanych formuł prawa rzymskiego, z historii i literatury dawnej Polski, które dziwią młodych Amerykanów swoimi szczególnymi cechami: pobłażliwą anarchią, rozbrajającym zaciekłe spory humorem, zmysłem organicznej wspólnoty, nieufnością wobec wszelkiej władzy scentralizowanej.

Poeta, który wyrósł w takim świecie powinien być poszukiwaczem rzeczywistości przez kontemplację. Drogi powinien mu być pewien ład patriarchalny, dźwięk dzwonów, oddzielenie się od nacisków i uporczywych żądań naszych bliźnich, cisza klasztornej celi, jeżeli księgi na stole to traktujące o tej niepojętej właściwości rzeczy stworzonych, jaką jest ich *esse*. I nagle wszystko to zostaje zaprzeczone przez demoniczne działania Historii, mającej wszelkie cechy krwiożerczego bóstwa. Ziemia, na którą poeta patrzył w swoim locie wzywa krzykiem zaiste z otchłani i nie pozwala się oglądać *z wysoka*. Powstaje niepokonalna sprzeczność, realna, nie dająca spokoju w dzień i w nocy, jakkolwiek ją nazwiemy, sprzecznością pomiędzy bytem i działaniem czy sprzecznością pomiędzy sztuką i solidarnością z ludźmi. Rzeczywistość domaga się, żeby ją zamknąć w słowach ale jest nie do zniesienia i jeżeli dotykamy jej, jeżeli jest tuż, nie wydobywa się z ust poety nawet skarga Hioba, wszelka sztuka okazuje się niczym w porównaniu z czynem. Natomiast ogarnąć rzeczywistość tak,

żeby zachować ją w całym jej odwiecznym po-
wikłaniu zła i dobra, rozpaczy i nadziei, można
tylko dzięki dystansowi, tylko wznosząc się *nad*
nią — ale to z kolei wydaje się moralną zdradą.

Taka była sprzeczność sięgająca w samo
sedno konfliktów XX wieku, odkryta przez
poetów na ziemi skażonej zbrodnią ludobójstwa.
Co myśli autor pewnej liczby wierszy, które
pozostają, jako pamiątka tamtego czasu, jako
świadectwo? Myśli, że zrodziły się z bolesnej
sprzeczności i że byłoby lepiej, gdyby umiał ją
rozwiązać, a one nie zostały napisane.

PATRONEM WSZYSTKICH POETÓW WYGNA-
nych, odwiedzających rodzinne okolice tylko we
wspomnieniu, pozostaje Dante, ale jakże wzrosła
ilość Florencji od tamtego czasu! Wygnanie poety
jest dziś prostą funkcją względnie niedawnego
odkrycia: że kto posiada władzę, może też kon-
trolować język, i to nie tylko przez zakazy cenzury ale przez zmienianie sensu słów. Osobliwym
zjawiskiem jest język społeczności nie-wolnej,
nabywającej pewnych stałych przyzwyczajeń:
całe strefy rzeczywistości przestają istnieć po
prostu dlatego, że nie mają nazwy. Jak się zdaje,
istnieje ukryta więź pomiędzy teoriami literatury
jako *écriture*, mowy żywiącej się samą sobą, i
wzrostem totalitarnego państwa. W każdym razie
nie ma powodu, żeby państwo nie tolerowało
działalności polegającej na tworzeniu wierszy i
prozy pojmowanych jako autonomiczne systemy
odniesień, zamknięte w swoich granicach. Tylko
jeżeli przyjmiemy, że poeta stale dąży do wyz-
walania się od stylów zapożyczonych bo szuka

rzeczywistości, jest niebezpieczny. W sali, gdzie wszyscy zgromadzeni zgodnie podtrzymują zmowę przemilczeń, jedno słowo prawdy brzmi jak strzał z pistoletu i, co gorsza, pokusa żeby je wypowiedzieć, podobna do gwałtownego świerzbienia, staje się obsesją, która nie pozwala myśleć o niczym innym. Taki jest powód dla którego poeci wybierają wygnanie. Nie jest jednak pewne czy chodzi tu głównie o przejęcie się aktualnością czy o pragnienie, żeby się od niej wyzwolić i w innych krajach, na innych brzegach, móc choćby chwilami odzyskać swoje prawdziwe powołanie, którym jest kontemplacja Bytu.

Ta nadzieja jest jednak dość złudna, bo przybysz z naszej "innej Europy" wszędzie, gdziekolwiek się znajdzie, spostrzega, że od nowego środowiska dzieli go jego zasób doświadczeń, co z kolei może się stać źródłem obsesji. Na planecie, która maleje z każdym rokiem, przy fantastycznym rozwoju środków przekazu, odbywa się proces dotychczas wymykający się określeniom, a który można nazwać odmową pamięci. Z pewnością analfabeci ubiegłych wieków — czyli ogromna większość ludzkości —

niewiele wiedzieli o historii swoich krajów czy
swojej cywilizacji. Natomiast w umysłach no-
woczesnych analfabetów, umiejących czytać i
pisać, nawet uczących młodzież w szkołach i na
uniwersytetach, historia jest obecna, ale w dziw-
nym pomieszaniu i zamgleniu, Molière staje się
współczesnym Napoleona, Voltaire, Lenina.
Również wydarzenia ostatnich dekad o znaczeniu
tak zasadniczym, że wiedza albo niewiedza o
nich przesądzi o losach naszego gatunku, od-
dalają się, bledną, tracą wszelką konsystencję,
jakby dosłownie spełniała się przepowiednia
Nietzschego o nihilizmie europejskim. "Oko
nihilisty — pisał Nietzsche w 1887 roku — jest
niewierne wobec wspomnień: pozwala im ob-
nażyć się, stracić liście; . . . A czego nihilista nie
umie zrobić dla siebie, nie umie też zrobić dla
całej przeszłości ludzkiego gatunku: pozwala jej
przepaść". Pełno też już zmyśleń o przeszłości
sprzecznych z najprostszym zdrowym roz-
sądkiem i elementarnym poczuciem zła i dobra.
Jak doniósł niedawno "The Los Angeles Times",
ukazało się w różnych krajach około stu książek
dowodzących, że the Holocaust nigdy nie było,

że wynalazła to żydowska propaganda. Jeżeli taki obłęd jest możliwy, czyż zupełnie nieprawdopodobna jest powszechna utrata pamięci jako stan permanentny i czy nie byłoby to groźbą większą niż manipulacja genami albo zatrucie naturalnego środowiska?

DLA POETY z "innej Europy", wydarzenia obejmowane nazwą *the Holocaust* są rzeczywistością tak bliską w czasie, że może on próbować uwolnić się od ich stałej obecności w jego wyobraźni chyba tylko tłumacząc Psalmy Dawida. Czuje jednak lęk, kiedy znaczenie tego wyrazu ulega stopniowo przekształceniom, tak że wyraz ten zaczyna należeć tylko do historii Żydów, tak jakby ofiarą zbrodni nie padły także miliony Polaków, Rosjan, Ukraińców i więźniów innych narodowości. Czuje lęk dlatego że jest w tym jakby zapowiedź być może niedalekiego jutra, kiedy z historii zostanie to tylko, co ukaże się na ekranie telewizji, natomiast prawda, jako zbyt skomplikowana, zostanie pogrzebana w archiwach, jeżeli w ogóle nie zostanie unicestwiona. Również inne fakty, dla niego bliskie, dla ludzi Zachodu odległe, sprawiają, że nabiera dla niego wiarygodności wizja H.G. Wellsa w *Wehikule czasu* : Ziemia zamieszkała przez plemię dzieci dnia, beztroskie, pozbawione pamięci i tym samym historii, bezbronne wobec mieszkańców podziemnych pieczar, ludożerczych dzieci nocy.

Unoszeni przez ruch technologicznej przemiany, wiemy, że zaczęło się jednoczenie naszej planety i przywiązujemy wagę do pojęcia międzynarodowej wspólnoty. Daty utworzenia Ligi Narodów i następnie Organizacji Narodów Zjednoczonych zasługują na to żeby je pamiętać. Niestety, tracą wagę w porównaniu z inną datą, która powinna być obchodzona co roku jako dzień żałoby, podczas gdy młode pokolenia o niej nie słyszą. Jest to dzień 23 sierpnia 1939 roku. Dwaj dyktatorzy zawarli wtedy umowę zaopatrzoną w tajną klauzulę o podziale między siebie sąsiednich krajów, mających własne stolice, rządy i parlamenty. Oznaczało to nie tylko rozpętanie straszliwej wojny. Wprowadzona znów została kolonialna zasada w myśl której narody nie są niczym innym niż trzodą,

[*4 5*

kupowaną, sprzedawaną, całkowicie zależną od woli każdorazowego właściciela. Ich granice, ich prawo do samostanowienia, ich paszporty przestały istnieć. I można się tylko zdumiewać jeżeli dzisiaj mówi się szeptem, kładąc palec na ustach, o zastosowaniu tej zasady przez dyktatorów czterdzieści lat temu. A przecie nie wyznane i nie potępione publicznie występki przeciwko prawom ludzkim są trucizną, która działa powoli i zamiast przyjaźni stwarza nienawiść między narodami.

Antologie poezji polskiej podają nazwiska moich przyjaciół, Władysława Sebyły i Lecha Piwowara oraz datę ich śmierci, 1940. Jest absurdem, że nie wolno napisać jak zginęli, chociaż każdy w Polsce zna prawdę: podzielili los wielu tysięcy oficerów polskich, rozbrojonych i internowanych przez ówczesnego wspólnika Hitlera i są pochowani w masowym grobie. I czyż młode pokolenia na Zachodzie, jeżeli w ogóle uczą się historii, nie powinny wiedzieć o dwustu tysiącach ludzi poległych w 1944 roku w Warszawie, mieście skazanym na zagładę przez obu wspólników? Dwaj dyktatorzy-ludobójcy dawno nie żyją, kto wie jednak czy nie odnieśli zwycięstwa o trwalszych skutkach niż zwycięstwa czy klęski ich armii. Wbrew oświadczeniom Karty Atlantyckiej zasada, że kraje są przedmiotem handlu albo nawet gry w karty czy w kości została zatwierdzona przez podział Europy na dwie strefy. A stałym przypomnieniem o spadku po dwóch dyktatorach jest nieobecność trzech państw bałtyckich wśród członków Organizacji Narodów Zjednoczonych. Przed wojną te państwa należały do Ligi Narodów ale znikły z mapy Europy w wyniku tajnych klauzul do układu z 1939 roku.

Niech mi będzie wybaczone obnażanie pamięci jako rany. Przedmiot ten nie jest bez związku z moją medytacją nad źle często używanym, a przecie godnym szacunku słowem rzeczywistość. Skarga ludów, pakty bardziej zdradzieckie niż te, o jakich czytamy u Tukydydesa, kształt liścia klonu, wschody i zachody słońca nad oceanem, cała ta tkanina przyczyn i skutków, czy nazywamy ją Naturą czy Historią, wskazuje, jak wierzę, na rzeczywistość inną, dla nas nie do przeniknięcia, choć nies-

[*4*7

kończone dążenie do niej jest napędem wszelkiej nauki i sztuki. Chwilami wydaje mi się, że odcyfrowuję sens nieszczęść, jakimi zostały dotknięte narody "innej Europy" i że jest nim zachowanie pamięci, wtedy kiedy Europa bez przymiotnika i Ameryka zdają się mieć jej coraz mniej z każdym pokoleniem. Być może jest tak, że nie ma innej pamięci niż pamięć ran, jak tego dowodzi Biblia, kronika ciężkich prób Izraela. Księga ta długo pozwalała narodom europejskim zachować zmysł ciągłości, który nie jest tym samym co modny dziś termin historyzm.

W ciągu trzydziestu lat spędzonych przeze mnie za granicą czułem się bardziej uprzywilejowany niż moi zachodni koledzy, czy piszący czy wykładający literaturę, bo wydarzenia i niedawne i bardzo dawne, sprzed wieków, przybierały w moim umyśle kształt ostry, precyzyjny. Zagraniczna publiczność stykająca się z wierszami czy powieściami pisanymi w Polsce, w Czechosłowacji, na Węgrzech, albo oglądająca produkowane tam filmy, zapewne odgaduje podobnie wyostrzoną świadomość w ciągłej walce z ograniczeniami cenzury. Pamięć jest więc tą naszą, nas wszystkich z "innej Europy", siłą, ona to chroni nas od mowy owijającej się sama o siebie, jak bluszcz owija się o siebie kiedy nie znajduje oparcia w murze albo pniu drzewa.

Przed chwilą wyraziłem tutaj tęsknotę do pozbycia się sprzeczności jaka zachodzi pomiędzy potrzebą dystansu i poczuciem solidarności z ludźmi. Jeżeli jednak uznamy lot *nad* ziemią, czy na grzbiecie gąsiora czy Pegaza, za metaforę powołania poety, nietrudno zauważyć, że już w niej zawiera się sprzeczność, bo jak być *ponad* i równocześnie widzieć ziemię w każdym szczególe? A jednak, przy chwiejnej równowadze przeciwieństw, pewna harmonia może być osiągnięta dzięki dystansowi, jaki wprowadza sam upływ czasu. "Widzieć" znaczy nie tylko mieć przed oczami, także przechować w pamięci, "widzieć i opisywać" znaczy odtworzyć w wyobraźni. Dystans, jaki stwarza tajemnica czasu nie musi zmieniać wydarzeń, krajobrazów, twarzy ludzkich, w gmatwaninę coraz bardziej blednących cieni. Przeciwnie, może je ukazywać w pełnym świetle, tak, że każdy fakt, każda data nabiera wyrazu i trwa na wieczne przypomnienie ludzkiego znieprawienia, ale i ludzkiej wielkości. Ci, którzy żyją, otrzymują mandat od tych wszystkich, którzy umilkli na zawsze. Wywiązać się ze swego obowiązku mogą tylko starając się odtworzyć dokładnie to co było, wydzierając przeszłość zmyśleniom i legendom. Tak ziemia widziana z wysoka, w wiecznym teraz, i ziemia trwająca w odzyskanym czasie stają się na równi materiałem poezji.

4

NIE CHCIAŁBYM STWARZAĆ WRAŻENIA, ŻE MÓJ
umysł zwrócony jest ku przeszłości, bo nie
byłoby to prawdą. Jak wszyscy moi współcześni
byłem skłonny do rozpaczy, do przewidywania
bliskiej zagłady, i wyrzucałem sobie uleganie
nihilistycznej pokusie. Na głębszym jednak
poziomie poezja moja, jak mi się zdaje, pozostała
zdrowa i wyrażała tęsknotę do Królestwa Prawdy
i Sprawiedliwości. Nazwisko człowieka, który
nauczył mnie, że nie trzeba poddawać się rozpaczy, powinno być tutaj wspomniane.
Otrzymujemy dary nie tylko od naszego rodzin-
nego kraju, jego rzek i jezior, jego tradycji, ale
także od ludzi, zwłaszcza jeżeli silną osobowość
spotykamy we wczesnej młodości. Miałem to
szczęście, że traktował mnie prawie jak syna mój
krewny Oskar Miłosz, paryski samotnik i wiz-
joner. Jak się stało, że był francuskim poetą,
wyjaśnić mogłyby zawiłe dzieje rodziny i kraju
zwanego niegdyś Wielkim Księstwem
Litewskim. Jakiekolwiek są przyczyny, można

było niedawno czytać w prasie paryskiej wyrazy
żalu, że najwyższe międzynarodowe odznaczenie
pół wieku wcześniej nie przypadło poecie tego
samego co moje nazwiska.

Wiele nauczyłem się od niego. Dał mi głębsze
zrozumienie religii Starego i Nowego Testamentu
i narzucił potrzebę ścisłej, ascetycznej hierarchii
we wszystkich sprawach umysłu, łącznie ze
wszystkim co dotyczy sztuki. Tutaj za naj-
większy grzech uważał stawianie tego co
drugorzędne na równi z pierwszorzędnym.
Przede wszystkim jednak słuchałem go jak się
słucha proroka, który, jak sam mówił, kochał
ludzi "starą miłością zużytą przez litość, samotność i gniew" i dlatego rzucał ostrzeżenie
szalonemu światu pędzącemu ku katastrofie.
Dowiadywałem się od niego, że katastrofa jest
nieunikniona, ale też dowiadywałem się, że
wielki pożar wróżony przez niego będzie tylko
częścią szerszego dramatu, który musi być dog-
rany do końca.

Głębsze przyczyny widział w błędnym
kierunku obranym przez naukę XVIII wieku, co
spowodowało lawinowe skutki. Nie inaczej niż

Czesław Miłosz

William Blake przed nim, zapowiadał Wiek Nowy, powtórny renesans wyobraźni, dzisiaj skażonej przez pewien typ naukowej wiedzy, ale, jak wierzył, nie przez każdą naukową wiedzę, napewno nie tę jaką odkryją ludzie przyszłości. Nie ma znaczenia w jakim stopniu brałem jego przepowiednie dosłownie, ważna była ogólna orientacja.

Oskar Miłosz, tak jak William Blake, czerpał inspiracje z pism Emanuela Swedenborga, uczonego, który wcześniej niż ktokolwiek przewidział klęskę człowieka czającą się w newtonowskim modelu wszechświata. Kiedy, dzięki memu krewnemu, stałem się uważnym czytelnikiem Swedenborga, interpretując go zresztą nie tak jak to było przyjęte w erze romantyzmu, nie spodziewałem się, ze odwiedzę jego kraj po raz pierwszy przy takiej jak obecna okazji.

Nasze stulecie dobiega końca i głównie dzięki takim wpływom nie odważyłbym się mu złorzeczyć, bo było to także stulecie wiary i nadziei. Odbywa się głęboka przemiana, której nie jesteśmy prawie świadomi, bo sami jesteśmy jej częścią, i od czasu do czasu daje znać o sobie w zjawiskach, które budzą powszechne zdumienie. Przemiana ta ma związek z tym co, że użyję słów Oskara Miłosza, stanowi "najgłębszy sekret mas pracujących, bardziej niż kiedykolwiek żywych, chłonnych i pełnych wewnętrznej udręki". Ich sekret, nie wyznana potrzeba prawdziwych wartości, nie znajduje języka w jakim mogłaby się wyrazić i tutaj nie tylko środki masowego przekazu, także intelektualiści ponoszą ciężką odpowiedzialność. A jednak przemiana dalej się odbywa, wbrew przewidywaniom na krótką metę, i jest prawdopodobne, że mimo horrorów i niebezpieczeństw, nasz czas będzie oceniony jako nieunikniona faza porodowych bólów, zanim ludzkość nie wstąpi na nowy próg świadomości. Wtedy pojawi się nowa hierarchia zasług i jestem przekonany, że Simone Weil i Oskar Miłosz, pisarze w których szkole byłem posłusznym uczniem, otrzymają co im się należy. Wydaje mi się, że powinniśmy publicznie oświadczać o naszym przywiązaniu do pewnych nazwisk, bo w ten sposób jaśniej określamy naszą pozycję, niż wymieniając nazwiska którym przeciwstawiamy się gwałtownie. Mam nadzieję, że ten odczyt, mimo meandrów myśli, co jest zawodowym nałogiem poetów, pokazuje wyraźnie moje "tak" i "nie", w każdym razie tam gdzie chodzi o sukcesję. Bo wszyscy którzy tu jesteśmy, i mówca i słuchacze, stanowimy jedynie ogniwa pomiędzy przeszłością i przyszłością.